Inhalt

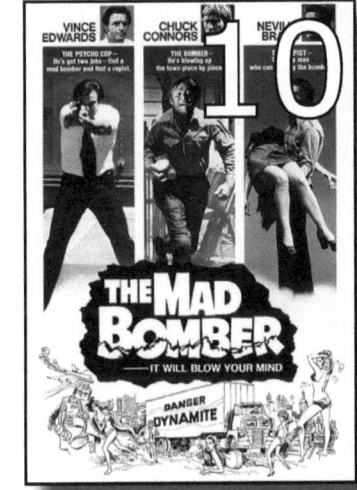

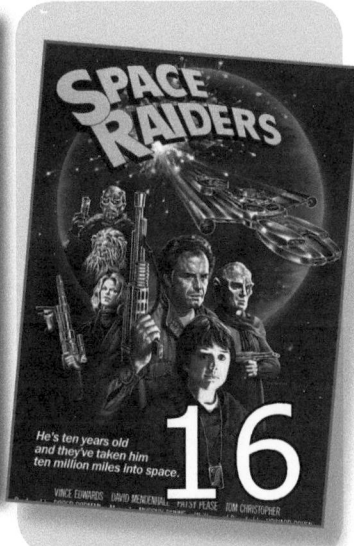

Vergessen war gestern, wir sprechen darüber!

Das Sub-Genre „Rape 'N Revenge" war in den 80ern noch immer ein beliebtes Thema. Zahlreiche Filme entstanden im Schatten erfolgreicher Kassenschlager. Man denke nur an die "DEATH WISH"-Reihe mit Cannon-Ikone Charles Bronson oder auch an Clint Eastwood als DIRTY HARRY. DIRTY HARRIET ist ein Ableger solcher Ideen und sollte über die Videotheken vermarktet werden.

Betrachtet man das Cover der VHS, so sieht man eine LADY IN RED in lasziver Pose mit einem Revolver, den sie auf den Betrachter richtet. Die schöne Dame ist keine Unbekannte: Es handelt sich um die Miss Australien 1978 in knappem Outfit. Kleine Anmerkung: Im Film DIRTY HARRIET legt sie dieses auch einmal komplett ab, da auch eine Sex-Szene ihren Platz im Skript fand.

DIRTY HARRIET versucht wie andere Filme ihrer Art, an den großen Kassenschlagern mitzuverdienen und etwas vom Kuchen abzubekommen. Gelungen ist das dem Streifen allerdings so gut wie gar nicht.

Regisseur Sig Shore gelang es nicht in Bildern einzufangen, was solche Filme nunmal ausmacht. Die Verwandlung der Hauptdarstellerin von der selbstbewussten Karrierefrau, die durch eine Vergewaltigung zur eiskalten Killerin wird, ist unglaubwürdig. Zu wenig wird auf die psychische Verwandlung geachtet, zu schnell das traumatische Erlebnis vergessen.

Die seltsam anmutende Sexszene im Zeitlupentempo mit der komplett unbekleideten Hauptdarstellerin wirkt ziemlich deplatziert und entbehrt jeglicher Glaubwürdigkeit. Kurz nach einer Vergewaltigung in ein Liebesabenteuer zu verfallen wirkt seltsam, noch dazu mit dem Cop, der die Ermittlungen in dem Fall leitet.

Was dem Regisseur allerdings gut gelungen ist, war zu zeigen, wie einfach es in den USA ist, eine Waffe zu bekommen, um seinen Rachefeldzug zu starten. Hinzu kommt, dass es eher unwahrscheinlich ist, dass man seine Peiniger in einer Metropole wie New York findet, ohne zu wissen, wo sich gewisse Menschen aufhalten. Auf Streifzügen durch ein paar Bars findet sie ihre Peiniger und nimmt mithilfe der „DumDum"- Geschosse in ihrer Pistole blutige Rache. Diese Szenen sind recht brutal und glaubwürdig in Szene gesetzt worden. Im Film werden allerdings auch viele Randgruppen der Gesellschaft als kriminell dargestellt.

DIRTY HARRIET kann sich aber auch als schonungsloser Rache-Thriller nicht so recht durchsetzen. Für einen Exploitation-Kracher ist der Film zu harmlos und langatmig. Der Film wurde an vielen New Yorker Locations gedreht, so unter anderem auch in Lower Manhattan und Brooklyn.
Das Flair der Achtziger Jahre wird auffallend gut eingefangen. Die Mode, die Frisuren, die Autos - das alles passt einfach. Dazu dröhnt elektronischer Synthesizer-Klang aus den Boxen, der sich mit ein paar Pop-Songs abwechselt. Allen voran der Titelsong SUDDEN DEATH, den man auch im Abspann vernehmen kann. Das Lied passt sehr gut und ist überaus stimmig. DIRTY HARRIET trägt übrigens auch im Original den Titel SUDDEN DEATH.

Berücksichtigt man all die Schwächen und Stärken von DIRTY HARRIET bleibt als Fazit nur ein Wort: Durchschnittsware. Kein Reißer, kein Hit, aber auch kein totaler Reinfall. Wer ein Faible für solche Streifen hat, kann ruhig mal einen Blick riskieren. Bislang ist er in Deutschland nur auf VHS erschienen.

STEFAN

Dirty Harriet – Allein gegen Gewalt und Verbrechen

There is no place - no time
when a woman alone can be safe!

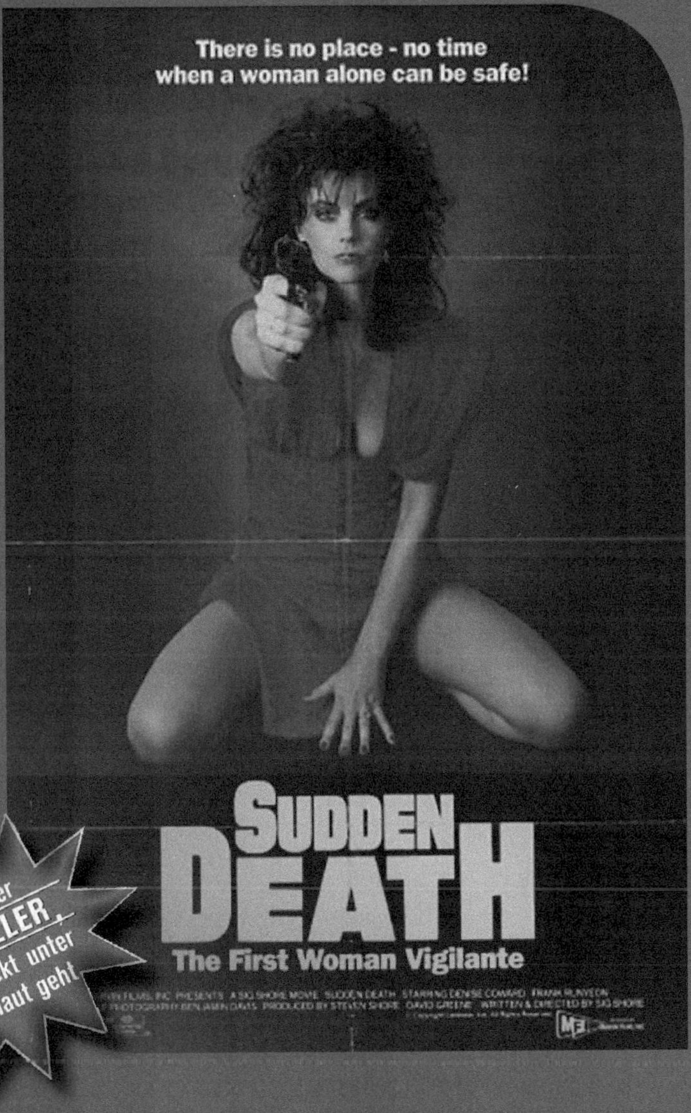

SUDDEN DEATH
The First Woman Vigilante

Ein eiskalter THRILLER, der direkt unter die Haut geht

Amazonkriegerin Diala will ihr Volk retten, das unter zwei Gegnern leidet: einem Imperator mit Zauberkräften und Dialas bösartiger Mutter. Für ihren erbitterten Befreiungskampf braucht sie das heilige Schwert der Ahnen und jede Menge leicht bekleidete Gefährtinnen.

Kaum erlangt ein Film durch Kino und Video-thek Bekanntheit, dauert es nicht lange bis es die Nachahmer loslegen, um vom großen Kuchen wenigstens ein kleines Stück abzube-kommen.

Man nehme dazu ein wenig Fantasie, halb-nackte Frauen in knappen Fell-Outfits, einen einprägenden Synthesizer-Sound und das Wichtigste: Einen Produzenten, den man von so etwas recht einfach überzeugen kann, um an die Kohle für das Projekt zu kommen.

Im Fall von IM REICH DER AMAZONEN trat man an B-Movie-Ikone Roger Corman heran und hatte Erfolg. Als ausführender Produzent beteiligte er sich an den Kosten. Gedreht wurde IM REICH DER AMAZONEN in Argenti-nien, wobei viele Szenen und Einstellungen in Buenos Aires gefilmt wurden. Und das zumeist in abgelegenen Waldstücken, um bei den Dreharbeiten, von der Bevölkerung der Stadt in Ruhe gelassen zu werden.

Storytechnisch bewegt sich der Film auf recht simplem Niveau. Man nehme einen Bösewicht der Mithilfe von Zauberei an die Macht kom-men möchte. Als Widersacher bedient man sich an Amazonen, jedoch in etwas abgeän-derter Form. Statt die Männer des Volkes nur als Objekt der Begierde zu nutzen, oder sie als Sklaven zu halten, leben sie mit den Krieger-damen im Stamm - quasi die totale Gleichbe-rechtigung.

STEFAN

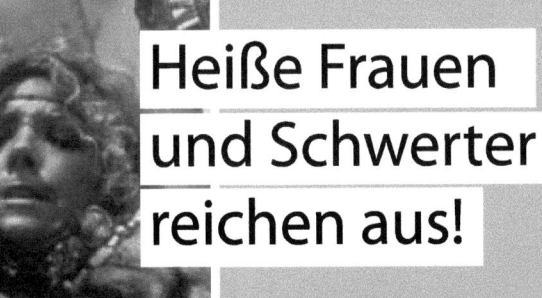

Heiße Frauen und Schwerter reichen aus!

IM REICH DER AMAZONEN ist ein unterhalt-sames Werk für Abenteuer-Freaks. Wer gerne attraktive junge Frauen in knappen Outfits kämpfen sehen möchte, wird hier vollauf zufrieden gestellt. Die meisten Rollen wurden mit unbekannten Schauspielern besetzt. Lediglich Mindi Miller dürfte einigen aus anderen Filmen bekannt vorkommen. Sie war unter anderem auch in HERCULES (1978), KNAST FIGHTER (1987) und BATMANS RÜCKKEHR (1992) zu sehen. Allerdings wurde sie im Abspann meist nicht namentlich genannt. Die heute 68-jährige zog sich Anfang der 1990er komplett aus dem Filmgeschäft zurück. In anderen Rollen tauchen noch Namen wie Penelope Reed, Joseph Whipp oder Danitzka Kingsley

auf. Alejandro Sessa nahm sich dem Film als Regisseur an. Nach IM REICH DER AMAZONEN drehte er den Streifen STORMQUEST (1987) - auch ein eher mieser Vertreter aus dem Fantasy-Genre. Ein Hauch Erotik, Mystik und Action garniert mit blutigen Kampfszenen, zeichnen IM REICH DER AMAZONEN aus. Zwar ist die Story recht einfach und zäh, aber oben genannte Punkte lassen einen darüber hinwegsehen. Lange war dieser Streifen in Deutschland ein „ONLY VHS"-Kandidat, in einer Hartbox erhältlich, jedoch leicht gekürzt. Nun ist er im Vertrieb von Cargo Records auf DVD ungeschnitten und mit einem Wendecover ausgestattet erschienen.

Als Dyala und Tashi die Löwin zum ersten Mal sehen, sind ihre Oberteile offen und ihre Brüste / Nippel liegen frei. Nachdem sie zur Löwin und zurück zu den Amazonen geschnitten wurden, sind ihre Oberteile ordentlich geschlossen.

Vergessen war gestern, wir sprechen darüber!

Action

Los Angeles, Ende der Achtziger Jahre... ...präsentiert sich verrucht, dreckig und gesellschaftlich verroht. Die Glamourwelt Hollywoods, den schönen Schein von Beverly Hills, die traumhaften Strände von Venice Beach, gespickt mit suggeriert-perfekten, körperkulturellen Vorzeigeexemplaren, etc., sucht man in SHOTGUN vergeblich.

Vielmehr erwartet den Zuschauer Low-Budget-Actiontrash mit teils unterirdischen Schauspielleistungen und grottigen Dialogen, jedoch beeindruckt die schnörkellose Konsequenz, mit der hier Schnoddriges, Schmuddeliges und Brutales, sowie Peinliches zum Fremdschämen präsentiert wird. Jedoch und leider ausgerechnet in der expliziten Darstellung des antagonistischen Handlungskerns (niedere, psychosexuelle Triebe und brutale Auslebung von Allmachtsfantasien) ziehen die Macher die Handbremse und deuten bloß an, wo hingegen beispielsweise die Tötungsszenen der „Bösen" sehr explizit gestaltet sind.

Einzige Inkonsequenz vielleicht, jedoch zu Recht überschattet durch unfreiwillig komischen Dilettantismus in nahezu allen Bereichen, wie Setting, Kameraführung, Schnitte und Stuntarbeit. Einzig die musikalische Untermalung passt, besonders das trashige Hauptthema „Shotgun Jones", bezugnehmend auf den Hauptakteur, einen Bounty-Hunter und Ex-Bullen mit Föhn-Vokuhila und grimmiger Einheitsmiene. Sein Sidekick: Der Typ aus ‚ner ollen US-KFC-Reklame.

Letztlich offenbart sich wieder einmal ein häufiges Trash-Dilemma: Alles wird zwar hemmungslos überzogen, aber viel zu ernst genommen. Ein direkter Vergleich fällt mit „Hobo With A Shotgun" ins Auge, wo anarchistischer, zynischer und selbstironischer zur Sache gegangen wurde, obwohl die Storyline wesentlich unkomplexer daher kam.

SHOTGUN pendelt sich exakt im Mittelmaß ein, denn der Ritt auf der Trash-Rasierklinge lässt positive oder negative Ausschläge kaum zu, sodass ein bemerkenswerter No-Brainer (trotz interessanter Storyline mit zartem Plot-Twist) nebst überspitzter Gewalt, statt gesunder Selbstironie, übrig bleibt.

JOHNNY

THE MUTILATOR

STEFAN

Ein eher unbekannter Slasher ist THE MUTILATOR aus dem Jahr 1986. Der Videomarkt wurde einst mit einer wahren Welle dieses Subgenres förmlich überschwemmt. Somit ist es auch nicht sonderlich verwunderlich, dass dieser Vertreter einen recht unbekannten Status mit sich herum trägt.

In üblicher Slasher-Manier wird hier eine kleine Gruppe dezimiert, streng nach dem Prinzip:Einer nach dem anderen. Natürlich behaftet mit den typischen Klischees. Junge Menschen haben Sex miteinander, einsame Umgebung und ein Ort des Geschehens - in diesem Fall das Strandhaus.

Die Morde sind sehr blutig und effektreich in Szene gesetzt worden, damit kann THE MUTILATOR besonders punkten. Was man von den Darstellern nicht sagen kann. Sie sind allesamt austauschbar und ohne Tiefe in die Story gecastet. Ein kleiner Wermutstropfen ist der Soundtrack, der dem Zuschauer oft das Gefühl vermittelt, er schaue sich eine Komödie aus den 80er Jahren an.

Mir lag die DVD-Version vom Label DRAGON vor. Sie hat ein recht dunkles Bild, was bei manchen Szenen nervig ist. Kein Meisterstück des Slashers-Genre, aber

durchaus ansehnlich und unterhaltsam. Die Darsteller sind recht nervig, aber THE MUTILATOR schafft hier Abhilfe.

Thriller

STADT
IN
ANGST

Richard Compton war ein US-amerikanischer Regisseur, dessen Karriere im Jahr 1970 begann. Mit seinem fünften Film STADT IN ANGST von 1977, war ein weiterer unterhaltsamer Streifen von ihm in den Kinos zu bewundern. Zuvor drehte er unter anderem WILD DRIVERS (1975) mit Nick Nolte und DIE ROCKER VON DER BOSTON STREET (1970) mit der seine umfassende und interessante Laufbahn ihren Anfang nahm.

STADT IN ANGST ist ein Thriller, der das Flair, die Musik, die schmutzige Optik der Städte mit dem passenden Score dazu, wunderbar einfängt. Mit einer fesselnden und durchaus packenden Story ist das Gesamtpaket gut zusammengestrickt worden. Ein Killer maskiert sich und fordert dazu auf, dass Banken und Unternehmer nicht nur an sich selbst denken. Er fordert eine hohe Geldsumme, doch bis zur Auszahlung werden unschuldige Bürger zu Opfern seiner Gewalttaten. Mit einem Bogen ala

RAMBO oder FLASHFIGHTER dezimiert er wahllos die städtische Bevölkerung.

Zugegeben, die Story hört sich recht simpel und allseits bekannt an. Jedoch gelang es Richard Compton den Handlungsverlauf neu zu interpretieren, um den Zuschauer für seinen Film zu gewinnen. Schon die erste Szene zeigt einen kleinen Vorgeschmack auf das, was einen im späteren Verlauf noch erwartet.

Hochkarätig mit Robert Mitchum, Oliver Reed, Stuart Whitman und Deborah Raffin besetzt, glänzen die Charaktere auch ohne große Detailverliebtheit und Tiefe. Die Jagd auf den Killer und Erpresser ist eröffnet. Somit ist es auch nicht verwunderlich, dass nach unkonventionellen Mitteln gegriffen wird, um das Schauspiel zu beenden. Die normalen Polizei-Taktiken versagen auf ganzer Linie.

STEFAN

Vergessen war gestern, wir sprechen darüber!

Die Story ist spannend, fesselnd und kann auch mit einigen blutigen Actionsequenzen punkten. Der Showdown in der felsigen Landschaft setzt dem ganzen noch einen oben drauf. Viele, der zuvor angekratzten Informationen, über diverse Beteiligte, setzen am Ende das Puzzle komplett zusammen und somit bleibt der Spannungsbogen aufrecht. Anstatt sich nur mit müden und langweiligen Verhörmethoden - wie man es aus vielen anderen Produktionen kennt - zu befassen, setzt STADT IN ANGST ein anderes Statement.

Vor kurzem ist STADT IN ANGST (1977) auf DVD vom Label ENDLESS CLASSIC erschienen. Die DVD besitzt ein 16:9 Bild und weist eine recht angenehme und gut anschaubare Bildqualität auf. Die damals zur Schere gefallenen Szenen sind im Originalton passend eingefügt worden. Lediglich der Ton ist an diversen Stellen mit einem leichten Rauschen zu vernehmen, was nicht sehr störend ist und den Filmgenuss in keinster Weise beeinträchtigt. Dazu bekommt man noch ein Wendecover ohne das lästige FSK Zeichen spendiert.

Tödliche Pfeile aus dem Lauf einer Armbrust strecken reiche Bewohner einer friedlichen Gemeinde Arizonas nieder. Mit allen Mitteln moderner Polizeitechnik beginnt eine atemberaubende Jagd auf den Schützen, einen gnadenlosen Killer mit Kriegsbemalung. Der fordert fünf Millionen, ansonsten muss jeder sterben!

Vergessen war gestern, wir sprechen darüber!

THE MAD BOMBER

THE MAD BOMBER oder auch AUS DER HÖLLE GESPUCKT ist ein sleaziges Thriller-Drama von 1973. Ein Bombenleger, der mit der Gesellschaft abrechnen möchte, versetzt Los Angeles in Angst und Schrecken. Bislang ist der Täter für die Polizei ein Unbekannter, doch ein Vergewaltiger hat ihn gesehen und kann der Polizei helfen. Wodurch die Ermittlungsarbeit nicht nur in eine Richtung losgeht.

Der Film THE MAD BOMBER ist ein recht actionarmer Streifen, kann aber mit anderen Dingen beim Zuschauer punkten. Die Story gibt nicht viel her und wurde sehr wendungsarm in Szene gesetzt. Die Hauptlast tragen die Darsteller, die sich aus Vince Edwards und Chuck Connors zusammensetzen.

Jedoch schafft es die Story, dass der Zuschauer lange im Dunkeln tappt, wieso der Bombenleger sich an der Gesellschaft rächen möchte. Zwar ist seine Tochter an den Folgen von Drogenkonsum verstorben, was aber nicht unbedingt seinen Hass auf die Allgemeinheit erklärt.

Der Hauptteil des Films handelt von den Ermittlungsarbeiten der Detectives. Hinzu kommen ein paar Szenen mit dem Bombenleger, wie er sich mit Passanten und auch einem Cop anlegt, weil sie sich innerhalb der Gesellschaft anders verhalten, als er es sich selbst wünscht.

Die Gewaltdarstellung hält sich zurück. Ein paar Explosionen und einige zerfetzte Körper - mehr wird dem Actionfreund nicht geboten. Auch wenn der Film teilweise seine Längen hat, bietet er einen recht guten Unterhaltungsfaktor und weiß zu gefallen

★THRILLER★

Vergessen war gestern, wir sprechen darüber!

William Dorn merkt viel zu spät, dass seine Tochter drogenabhängig ist. Deshalb kann er ihren Tod nicht verhindern - Ursache: Überdosis. Sein ganzer Hass entlädt sich in einem Amoklauf. Er legt an verschiedensten Orten eine Reihe von Bomben, um sich an der Menschheit zu rächen. Detective Geronimo Minneli ermittelt in dem Fall und versucht, Dorn vor einer großen Dummheit zu bewahren...

STEFAN

Chuck Connors
ist
MAD BOMBER

VHS
NEVER FORGET

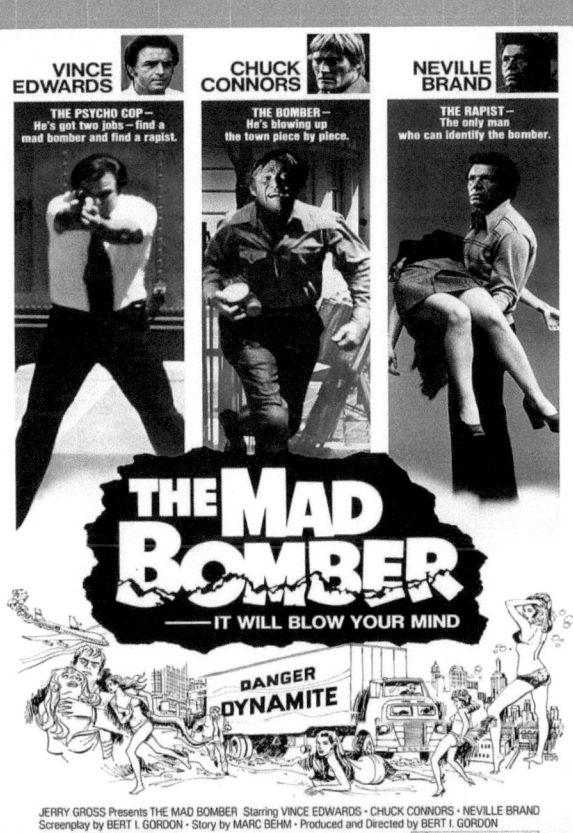

Vergessen war gestern, wir sprechen darüber

Nur wenige Monate nach dem Er-
scheinen von KING KONG im Jahr
1976, versuchten sich auch die SHAW
BROTHERS an einem Film mit einem
Riesenaffen. Durch ihre Erfahrungen
mit den GODZILLA-Streifen, wussten
die japanischen Filmemacher wie man
eindrucksvoll mit simplen und doch
effektiven Mitteln einen solchen Film
verschönern kann.
Hinzu kommt, dass man sich nicht nur
auf heimische Schauspieler verließ,
sondern auch westliche Darsteller zum
Cast dazuholte. So zum Beispiel die be-
zaubernde Evelyn Kraft, die die meiste
Zeit im Leder-Bikini durchs Bild schlen-
dert. Sie kennt man aus Filmen wie EIN
KÄFER AUF EXTRATOUR von 1973 und
DAS VERRÜCK-
TESTE AUTO
DER WELT
von 1975.
Bekannt ist
auch ihre
Rolle als
Comtesse
von Wei-
denborn
in LADY

DRACULA aus
dem Jahr 1978.

Betrachtet man
die Story von DER
KOLOSS VON
KONGA, so sind
Parallelen zu KING
KONG nicht von
der Hand zu wei-
sen. Man könnte
behaupten, dass
die Japaner die
Vorreiter von
sogenannten
MOCKBUSTERN
waren. Doch
dieser Begriff war in
den 70er Jahren noch
völlig ungebraucht.

Ein Riesenaffe wird für Sen-
sationszwecke nach Über-
see verschifft. Dass er dort
nicht glücklich ist und großes
Unheil anrichtet, sollte jedem
Monsterfilm-Fan bewusst sein.
Satte Zerstörungs-Action, wie
man sie von GODZILLA kennt,
ist die logische Folge. Doch
die Japaner gingen noch einen
Schritt weiter und implemen-
tierten eine Art Liebesbeziehung
zwischen Mensch und Affe.

DER KOLOSS VON KONGA

WARNI
THIS VIDEO
CASSETTE WIL
MELT
IF LEFT IN THE CAR
OR IN THE SUN!

VHS
NEVER FORGET

Vergessen war gestern, wir sprechen darüber!

THE MIGHTY PEKING MAN

Bei DER KOLOSS VON KONGA orientierte man sich großteils an dem Original aus den USA, was in der zweiten Hälfte des Films deutlich zu erkennen ist. Doch anstatt sich nur auf die Riesenaffen-Thematik zu versteifen, setzten die SHAW BROTHERS noch einen drauf, indem sie die Gewaltschraube darstellerisch anzogen. Der Riesenaffe donnert ohne mit der Wimper zu zucken Menschen auf den Boden der Tatsachen, wirbelt Panzer und Hubschrauber durch die Luft und trampelt schon mal den einen oder anderen Passanten mit seinem Riesenfuß platt, wobei sogar Blut zu Tage tritt. Aber auch schon in der ersten Hälfte des Films ist die Gewalt zu spüren. Ein Dorf mit vielen kleinen Hütten wird mal eben so zunichte gemacht, ohne Rücksicht auf die sich darin befindenden Bewohner.

Betrachtet man die Effekte des Films, so verließ man sich auf Altbewährtes. Ein Mann im Affenkostüm stampft durch schier endloswirkende Miniaturbauten. Diese

sind sehr aufwendig produziert worden, auch wenn sie nur dazu dienen, dass der Affe sie dem Erdboden gleichmacht. Hinzu kommen hineinkopierte Filmszenen, die bereits zuvor mit einer anderen Kamera gedreht wurden. Meist handelt es sich um Tierhorden, wie z.B. einer ElefantenHerde, die mit geschickten Schnittfolgen eingearbeitet wurden, so dass man den Eindruck bekommt, dass beide Szenen in einer gedreht wurden.

Jedoch kamen auch echte Lebewesen wie ein Gepard zum Einsatz, der auch mal mit der attraktiven Hauptdarstellerin kuscheln darf. Insgesamt sind die Effekte sehr anspruchsvoll und optisch reizvoll in Szene gesetzt worden. Natürlich kommen auch Pyro-Effekte zum Einsatz.

Der Streifen besitzt ohne Zweifel Kultstatus. Hinzu kommt, dass er äußerst unterhaltsam, da unfreiwillig komisch, ist, dazu schön trashig wirkt und einfach Spaß macht!

STEFAN

Vergessen war gestern, wir sprechen darüber!

Flotte

Biester

auf

der

Schulbank

SEX-SELLS...

Eine eher spröde Gymnasiallehrerin erbt das florierende Unternehmen ihres Onkels, der sich vornehmlich mit der Herstellung von Sexbedarfsartikeln befaßte. Angesichts des hohen Umsatzes verliert sie schnell ihre Skrupel.

STEFAN

Vergessen war gestern, wir sprechen darüber!

PETER STEINER

In den 70er und 80er Jahren wurden zahlreiche Erotik-Komödien gedreht. Man denke nur an die „Schulmädchen Report"-Reihe oder die GRAF PORNO-Werke. Früher liefen solche Streifen auf Sat. 1 und RTL im Samstag Nacht-Programm. Zu einer Zeit, in der das Internet noch in den Kinderschuhen steckte, war dies für pubertäre Jugendliche oft die erste Begegnung mit dem Thema SEX.

Viele bekannte Schauspieler traten des öfteren in solchen Produktionen auf und vergnügten sich - bildlich gesprochen - mit dem anderen Geschlecht. So auch die THEATER - STADL-Ikone Peter Steiner. In Dutzenden Erotik-Klamauk-Streifen war er zu sehen. So überraschte es mich auch nicht, dass ich ihn in FLOTTE BIESTER AUF DER SCHULBANK entdeckte. In

einer weiteren Rolle ist Sybille Rauch - bekannt aus EIS AM STIEL - zu sehen. Na, dann kann der Film ja nur lustig sein und vor Erotik sprudeln.

Die Story ist - wie nicht anders zu erwarten - sehr simpel gehalten: Eine prüde junge Frau erbt eine Fabrik für Sexspielzeug. Sie ist Lehrerin von Beruf und ihre beste Freundin ist das totale Gegenteil von ihr. Die vergnügt sich des öfteren mit einem Kollegen und anderen weiblichen Wesen, egal ob Kollegin oder Schülerin. Aus der prüden Lehrerin wird schließlich genauso ein Sex-Biest, wie ihre beste Freundin.

Da kommt dann Peter Steiner ins Spiel, der als Rektor der Schule insgeheim ein anderes Leben lebt. Er steht auf Telefon-Spielchen und nutzt auch mal die Peitsche. Kleine Anmerkung: Sybille Rauch ist nur kurz als

Sekretärin zu se... kann man von der b... Dame nicht erblicken.

Dafür sieht man heftige und überaus dichte Buschlandschaften, nackte Brüste und allgemein viel nackte Haut sowie kurze Andeutungen von Spielchen unter Vertretern des gleichen Geschlechts. So ordnet sich dieser Film in das übliche Schema solcher Werke ein.

Doch einen Unterschied gibt es schon und den macht die Version auf VHS aus: Es gibt nämlich eine Softcore- und eine Hardcore-Version. Die softe Variante ist von allem intimen und deutlichen Sex-Aktivitäten befreit worden. Die Hardcore-Variante lässt dagegen natürlich alles zu. Meist sind es immer die selben Darsteller, die sich sexuell miteinander vergnügen. Die beiden oben genannten halten sich von diesen Aktivitäten komplett raus.

Es ist schwierig, einen Film wie FLOTTE BIESTER AUF DER SCHULBANK zu empfehlen. Betrachtet man ihn von der Erotik-Seite, so ordnet er sich gut in die SCHULMÄDCHEN - Reihe ein, alleine der Titel ist passend gewählt. Wer jedoch auf harte Kost steht, sollte sich die Hardcore-Version besorgen. Beide sind nur auf VHS erhältlich.

VHS
NEVER FORGET

SCIENCE-FICTION

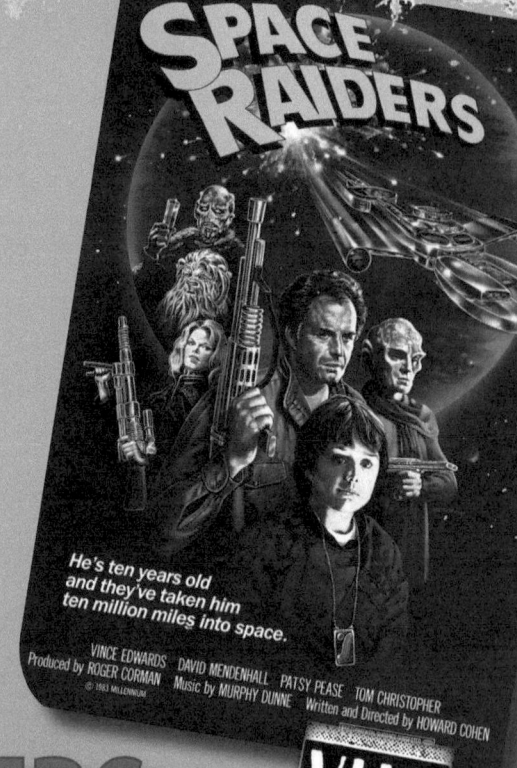

Ein großes Kampfraumschiff überfällt Procyon III. Es sind Weltraumpiraten und sie nehmen ein Kind als Geisel . Auf ihrer Flucht verstecken sich die Piraten in der Weltraumstation des Außerirdischen Zariatin. Ohne Rücksicht auf das Kind befiehlt der Herrscher von Procyon III die Vernichtung der Piraten und das kosmische Duell beginnt.

SPACE RAIDERS

Anfang der 80er Jahre waren Space-Filme beim Publikum hoch im Kurs. Ausgelöst durch George Lucas mit "KRIEG DER STERNE", wollten andere Filmproduzenten auch ein wenig Reibach machen. Charles Band schickte seine "ARENA" ins Rennen und Roger Corman inszinierte im Jahr 1983 SPACE RAIDERS – WELTRAUM-PIRATEN.

Für die Regie von SPACE RAIDERS setzte sich Howard R. Cohen auf den Stuhl. Er war kein Erfolgs-Regisseur und inszenierte in seiner Laufbahn eher B- bis C-Movies. Darunter fallen Titel wie "SAMSTAG, DER 14.TE" von 1981 oder auch "DEATHSTAL-KER IV" von 1991. In seinem ersten Film "SAMSTAG, DER 14.TE" trat er auch als Darsteller auf. Gut geklaut ist die halbe Miete.

Schaut man sich SPACE RAIDERS an, so bemerkt der Cineast recht schnell, das vieles simpel und ergreifend von anderen Filmen abgekupfert wurde. Sei es ein ähnlich ausschauender Chewbacca oder auch die Aliens. Zwar sind die Modelle der Raumschiffe recht ordentlich in Szene gesetzt worden, doch so richtiges Space-Flair kommt nicht auf. Vielleicht liegt es daran, dass durch das geringe zur Verfügung stehende Budget, für die Hintergrundkulissen eine Art Fototapete zum Einsatz kam.

Hinzu kommt noch die verwirrende bis fast gar nicht vorhandene Story. Dadurch bleibt die Logik oft auf halber Strecke liegen. Durch den Zusatz eines kleinen Jungen, der zur Geschichte so gut wie gar nicht passt, bekommt SPACE RAIDERS einen faden Beigeschmack. In den 80er Jahren waren Filme mit kleinen Jungs

hoch im Kurs, das verlockte Corman zu dem Gedanken „Süßer kleiner Junge - das verkauft sich doch von selbst!"

Doch nicht nur die Aliens kommen einem bekannt vor. Wer genau hinhört wird schnell feststellen, dass der Soundtrack - sofern man es so betiteln kann - sehr viel Ähnlichkeit zu BATTLE BEYOND THE STARS hat. Auch eine Möglichkeit die Budget-Kosten sehr gering zu halten.

KEIN KINDERFILM

Man könnte denken, dass es sich bei SPACE RAIDERS um einen Kinderfilm

handeln könnte, doch weit gefehlt! Hier wird ordentlich gestorben, sei es bei den Aliens oder auch auf menschlicher Seite.

Wer sich dem Film stellen möchte, kann ihn sich auf VHS oder DVD zulegen. Doch noch etwas: Fast alle Versionen sind nur geschnitten veröffentlicht worden. Was man allerdings bei einer lieblosen Aneinanderreihung von wirren Szenen entfernen kann, ist allerdings ohnehin fraglich.

Seit kurzem ist SPACE RAIDERS vom Label ENDLESS CLASSIC auf DVD unge-schnitten mit einer Freigabe von FSK 12 verfügbar

STEFAN

Inhalt von Showdown in little Tokyo:

Im Stadtteil Little Tokyo ist die Hölle los. Der brutale Yakuza Boss Yoshida verwandelt das Viertel in Schlachthaus. Kenner (Dolph Lundgren), eine harter Bulle, hat alle Hände voll zu tun, um die Schergen von Yoshida in Schach zu halten. Zur Unterstützung bekommt er den jungen Cop Murata (Brandon Lee) an seine Seite gestellt. Die beiden ungleichen Bullen müssen, trotz ihrer Gegensätze, zusammen arbeiten um Yoshida endgültig Ding fest zu machen. Zudem hat Kenner noch eine persönliche Rechnung mit dem Yakuza Boss offen, was das ganze nicht leichter macht!

Showdown in little Tokyo könnte auch eine Cannon Produktion sein.

Mark L. Lester (Phantom Kommando, Extreme Justice) hat mit seinem Team einen absoluten Klassiker des Action Genres erschaffen, der in seinem Tempo (ist nur 76 min lang!), samt seiner Härte, kaum Wünsche offen lässt. Hier kann man von einem „fast" perfekten Actionfilm sprechen.

In Deutschland erschienen offiziell nur Zwei VHS Auflagen von Warner. Die Erstauflage (EA) wurde dabei, mal wieder, mit der Gartenschere geschnitten, während die Neuauflage(NA) unzensiert veröffentlicht wurde.

Die beiden Auflagen unterscheiden sich sehr stark voneinander!

Das Frontcover offenbart eine Ganze Reihe von Differenzen. Was ganz deutlich ins Auge fällt ist die unterschiedliche Darstellung des Titels, während die EA einen weißen Rand besitzt, ist die NA in reinem Rot dargestellt und leicht grösser. Dazu kommt noch die veränderte Farbgebung auf der NA.

Hier wurde die Sättigung etwas angezogen

was man besonders gut am Hinterteil von Brandon Lee´s Jeans sehen kann (N Arsch in der Hose hatte der auch nicht !). Aber einer der grössten Unterschiede ist das der gute Dolph nicht wie bei der EA hinter dem Titel sitzt, sondern bei der NA drauf hockt. Diese Darstellung entspricht dem original Kinoplakat und ist nur auf der NA zu finden. Bei der DVD sitzt der Dolph ebenfalls wieder dahinter.

VHS VERGLEICH

JAN

Veröffentlichung
23. August 1991
R Kino
Originalsprache
Englisch

Laufzeit
1h 16m

Budget
$8,000,000.00

Einspielergebnis
$2,275,557.00

VHS
NEVER FORGET

GLOTZGUTACHTER.DE

Die Rückseite der NA von Showdown in little Tokyo wurde bis auf den Inhalt der Synopsis komplett neu erstellt und dem damaligen, letzten, VHS Design von Warner Home Video angepasst. Interessant ist das unter der spio/jk Freigabe der NA der Zusatz Bisher unveröffentlichte Fassung zu finden ist.

Bei den Kassetten heißt das Prinzip: Sparsamkeit. Aus zwei Stickern wurde Einer und der kultige Hologrammsticker wurde ebenfalls weggelassen. Trotz allem wirkt der Sticker der NA schön schlicht und das goldenen Warnerlogo fungiert als kleiner Eyecatcher.

◄

Der Spin beider Auflagen ist ebenfalls dem jeweiligen Design angepasst. Das rot der NA dominiert und ist stimmig zum Titel, dem roten Rahmen des Motives und der Plastikbox. Die EA dagegen ist schlicht und einfach im Oldschool-Look, wie ihn Sammler seit Jahren schätzen.

◄

VHS VERGLEICH

Fazit:

Zwischen den beiden Auflagen liegt knapp ein Jahrzehnt. Die NA erschien 2001 im Zuge der Neuveröffentlichungen auf DVD mehrerer Warner Klassiker wie Mad Max 1-2, Alarmstufe Rot 1-2, Last Boy Scout, Der Mann mit der Todeskralle etc. Diese sog. roten Snapper sind bis Heute begehrte Sammlerstücke. Es gab über zwanzig Titel die zeitgleich auch auf VHS, unzensiert in kleinen roten Boxen, erschienen sind. Leider gab es diese Auflagen nur sehr kurz und in einer sehr geringer Stückzahl. Die meisten Sammler wussten nicht einmal dass es diese VHS Auflagen überhaupt gab.

ACTION

Der unehrenhaft entlassene Vietnamveteran Johnny Barrows kehrt in seine Heimat L.A. zurück. Dort wird ihm gleich sein gesamtes Geld gestohlen. Völlig mittellos muss er als Putzmann bei einer Tankstelle arbeiten. Doch da bekommt er ein verführerisches Angebot: 100.000 Dollar winken, wenn er für einen italienischen Gangster den Killer gibt...

DIE MAFIA KENNT KEINE GNADE

DIE MAFIA KENNT KEINE GNADE von 1976 ist das Regie-Debüt von Schauspieler, Regisseur und Architekt Fred Williamson. Auch war er lange Zeit als Profispieler im American Football aktiv und erfolgreich. Die Filmwelt wurde auf ihn durch seine Rolle im Film M.A.S.H. aufmerksam. Zahlreiche Angebote, meist für B-Movies, trudelten danach bei ihm ein. Meist war Williamson im Action-Genre beheimatet und ließ es sich oft als Produzent und Regisseur nicht nehmen, eine Rolle im Film selbst zu besetzen. So auch in DIE MAFIA KENNT KEINE GNADE.

„EIN MANN STELLT SICH EINER ARMEE ENTGEGEN ...SIE HABEN KEINE CHANCE!"

Man merkt dem Film an, dass Williamson noch etwas ungeschickt und unerfahren im Filmbusiness war. Die Struktur des Films mit dem dazu gehörigen Tempoaufbau wirkt noch recht holprig. Hinzu kommt, dass manche Action-Sequenzen etwas lahm und extrem künstlich wirken. Darüber kann man jedoch hinwegsehen, er war noch am Anfang seiner Karriere. Jeder hat mal klein angefangen.

DIE MAFIA KENNT KEINE GNADE braucht sehr lange um in Fahrt zu kommen. In der ersten Hälfte des Films wird viel Zeit damit verschwendet, das Leben nach einer unehrenhaften Entlassung aus der Army ins rechte Bild zu rücken. So begleitet der Zuschauer Fred "The Hammer" auf der Suche nach ehrlicher Arbeit, ohne wirkliche Perspektive, in den Strassen von L.A. Dazu gibt es soulige, funkige Sounds "Made in the 70s" auf die Ohren. Allein der Titelsong spiegelt mithilfe des Textes die Geschichte von Fred im Film wieder.

"Die Mafia kennt keine Gnade" – Brutal! Blasting! Blazing!

In den letzten 20 bis 30 Minuten entfaltet sich DIE MAFIA KENNT KEINE GNADE zu einem Blaxploitation-Streifen wie man es erwartet, wenn die Action langsam aufdreht und Fred mit seiner - mit Glitzer überzogenen - Waffe und den Pumpguns für Recht und Ordnung sorgt.

Natürlich dürfen Zweikämpfe mithilfe der Fäuste nicht fehlen, doch merkt man auch hier recht schnell, dass Fred in diesem Gebiet noch unerfahren war. Und somit wirken manche Fights etwas plump und schlecht einstudiert.
Doch man sollte auch das Positive erwähnen. Das Action-Spektakel beherbergt einen interessanten Cast. So sind Namen wie Leon Isaa Kennedy (McQuade – Der Wolf), Robert Philipps (Mitchell – Ein Bulle dreht durch), Mike Henry (Ein ausgekochtes Schlitzohr), R.G. Armstrong (Predator) und Stuart Whitman (Der tödliche Schatten des Mr. Shatter) an Bord. Das Ende des Films wird einige Zuschauer sicherlich verwundern.

Mit einem unvorhergesehenen Twist wird das geduldige Warten und Schauen belohnt. Dank dem Vertrieb von Cargo Movies / 375 Media und dem Label ENDLESS CLASSICS kommen nicht nur Blaxploitation-Fans hier auf ihre Kosten, sondern kann auch endlich eine Sammellücke bei den Filmen von und mit Fred Williamson erfolgreich geschlossen werden.

Die DVD bietet ein solides Bild, leichte Körnung sowie eine klare und verständliche Tonspur. Nur wenige Szenen sind im englischen Originalton zu hören. Die Amaray besitzt ein Wende-Cover ohne FSK Aufdruck!

STEFAN

Vergessen war gestern, wir sprechen darüber!

MAD MAX auf dem Wasser klingt rein prinzipiell ja nach gar keiner so schlechten Idee. Das dachte sich auch Universal, als Anfang der 90er WATERWORLD in Produktion ging. Die turbulente Entwicklungsgeschichte des Streifens sollte den meisten Retroisten geläufig sein, aber dennoch ein (sehr) knapper Überblick: Die, wirklich im Meer erbauten, Sets waren regelmäßig den Launen der Gezeiten ausgesetzt, das Skript wurde mehrfach noch während der Dreharbeiten umgeschrieben (unter Anderem von BUFFY-Schöpfer Joss Whedon) und weil Kevin Costner nicht aufhören wollte, sich in die Inszenierung des Films einzumischen, schmiss Regisseur Kevin Reynolds das Handtuch und ließ den Hauptdarsteller weiter machen.

Das ohnehin schon immense Budget stieg ins unermessliche, so dass ein finanzieller Erfolg ausgeschlossen schien, eine Befürchtung, die sich bewahrheitete, als WATERWORLD historisch an den Kinokassen floppte.
Die Kritiken fielen auch eher gemischt aus: Look, Action, Sets sowie die generelle Idee fanden durch die Bank weg hohen Anklang, wohingegen ein Großteil des Publikums und der Kritiker ihre Probleme mit der Handlung und den Charakteren hatten, doch mittlerweile hat der Film seine Fangemeinde gefunden.

Ein weiterer Kollateralschaden der Produktion war Komponist Mark Isham. Er stellte einige Demos fertig, doch bevor es zu den wirklichen Aufnahmen mit dem Orchester kommen konnte, feuerte Costner Isham, da er mit der Musik unzufrieden war, obgleich Isham anbot, nochmal von vorne anzufangen. Stattdessen wandte Costner sich an James Newton Howard, mit dem er 1994 schon an WYATT EARP zusammengearbeitet hat. Howard blieben 6 Wochen um über anderthalb Stunden Musik zu schreiben, was nicht die besten Voraussetzungen sind. Dennoch kann das finale Werk durchaus überzeugen.

Wenn man die Musik zu WATERWORLD mit wenigen Worten beschreiben müsste, wären die wichtigsten: Action, Schlagwerk, laut. Wir haben es hier durch und durch mit einem Action-Soundtrack zu tun. Es gibt zwar einige Momente zum durchatmen, aber die meiste Zeit werden einem elektronische Percussion und laute Blechbläser ins Trommelfell gejagt. Glücklicherweise versickert die Musik dabei aber nicht in einem anstrengenden Einheitsbrei. Dies liegt vor allem an dem eingängigen Titelthema, das einem in „Escaping The Smokers" schön präsentiert wird. Die heroische Fanfare für Costners bekiemten „Mariner" erinnert etwas an ein Nebenmotiv aus WYATT EARP, ist aber doch verschieden genug um für sich allein stehen zu können. Sie begleitet den Hörer durch den gesamten Film hinweg und wird auch recht gut variiert, damit es nicht langweilig wird. Zu viel Abwechslung sollte man aber nicht von dem Soundtrack erwarten, gerade wenn man es mit der ausufernden Veröffentlichung von La-La Land Records zu tun hat. In dem 2CD-Set merkt man ab und an dann doch, dass Howard nur wenig Zeit blieb und so ähneln sich manche Action-Passagen doch sehr.

Einzelne Elemente des Hauptthemas, seien es kurze Phrasen oder die rhythmischen Muster aus der Begleitung, tauchen auch immer wieder auf und verbinden alles zu einem großen Ganzen. In „Prodigal Child" führt Howard dann ein schönes Nebenthema ein, das hauptsächlich für Enola steht, das kleine Mädchen mit dem Tattoo, das den Weg zum sagenumwobenen „Dry Land" weist. Besonders betörend ist die Klangwelt von WATERWORLD außerhalb der Actionpassagen. Die ethnischen Flöten (deren Samples sich Howard von Hans Zimmer geborgt hat) und elefantenartigen Kreischer der Blechbläser verleihen dem Score etwas Eigenweltliches und veredelt wird das noch durch die metallische Percussion zu der Toto-Schlagzeuger Steve Porcaro maßgeblich beigetragen hat, mit dem Howard schon während seiner Zeit bei der Band viel zu tun hatte. In den „Main Titles" erwartet einen schon ein kleiner Vorgeschmack auf Porcaros Zauberkünste, aber wirklich zur Geltung kommen sie erst in „Swimming", einem absoluten Highlight aus Howards früher Karriere.

„Swimming" ähnelt sehr den Klängen die einem auf diversen Enstpannungs-CDs geboten werden und wer mit diesem New-Age-Zeugs nichts anfangen kann, sollte vielleicht wieder zu den Action-Tracks weiterschalten. Das Stück ist fast vollständig elektronisch und hat sehr starke Enya-Anwandlungen, die im Rest des Soundtracks leider viel zu kurz kommen. Für sich genommen weckt die Musik Assoziationen an einen Tauchgang durch ein Korallenriff mit vielen bunten Lebewesen in völliger Ruhe...leider besteht die eigentliche Filmsszene nur aus einer Montage in der der Mariner der kleinen Elona das Schwimmen an der Oberfläche beibringt. Sehr schade, aber der Musik tut das keinen Abbruch. Gerade die zweite Hälfte des Stücks ist wunderschön und wird durch die Stimme Marisa Chandlers nochmal aufgewertet, während der hauchende Chor das Übrige tut.

Der geneigte Zuhörer kann auch die Anfänge von vielen späteren Arbeiten Howards in WATERWORLD wieder finden. So nehmen die Posaunen und Hörner in „Gills" schon einiges von KING KONG (2005) vorweg und Elonas Thema erinnert an Passagen aus dem 2000er Disney-Film DINOSAUR.
Howard hatte in den 90ern immer noch nicht ganz seine Stimme gefunden und viele seiner Scores aus der Zeit können abgesehen von ein paar Highlights nicht vollkommen überzeugen und haben viele Filler-Tracks, die eher langweilen. WATERWORLD hat dieses Problem zum Glück nicht. Die kurze Zeitspanne tat seiner Inspiration wohl gut und war einer der ersten Arbeiten, die ihn als schnellen Komponisten etablierten, der gerne für Last-Minute-Aufträge herangezogen wird...einen Ruf, den er bis ins Jahr 2012 noch hatte, bis er anfing, sich von solchen Angeboten fern zu halten.

Action-Fans der 90er werden definitiv auf ihre Kosten kommen und den meisten sollte auch die normale CD von MCA reichen, die mit gut 70 Minuten Laufzeit alles wichtige präsentiert und die wirk-lich notwendigen Highlights wie „Main Titles", „Escaping The Smokers", „Prodigal Child", „Deacon's Speech", „Main Credits" (welches eine schöne ruhigere Variation des Titelthemas ist) und natürlich „Swimming" enthält.

Sammlern sei aber auch das Set von La-La Land empfohlen. Die Repitition des Action-Materials fällt dort zwar deutlich auf, aber dafür sind auch mehr kleinere Juwelen und auch ruhigere Momente enthalten, die ein runderes Gesamtbild ergeben.
Zu Guter letzt werden einem auch noch Howards Original-Demos zu einigen Stücken geboten, die zwar nicht allzu schön klingen, aber einen interessanten Einblick in seine Arbeit geben. Auch hat es die Melodie der Spieluhr auf die CD geschafft, das einzige Bisschen Musik von Mark Isham in dem Film, das nicht gänzlich verworfen wurde und die Dankesreden von Howard und Costner sind auch nicht zu verachten!
Aber ganz gleich, für welche Fassung man sich entscheidet: James Newton Howard muss sich wirklich gar nicht verstecken, bis zur letzten Noten hört man, dass er sich von den katastrophalen Bedingungen am Set nicht hat abschrecken lassen... diese Musik lohnt sich!"

Vergessen war gestern, wir sprechen darüber!

EXPANDED ORIGINAL MOTION PICTURE SOUNDTRACK
WATERWORLD
ORIGINAL SCORE BY JAMES NEWTON HOWARD

SOUNDTRACK

BERNHARD

DANIEL GREENE DANS

PACO

STEFAN

Der Boss des High-Tech Konzern Turner hat ein Problem - einen lästigen Reformpolitiker, der seinen Waffengeschäften im Weg stehen könnte. Deswegen schickt er den kybernetisch erweiterten Killer Paco, damit dieser den unliebsamen Widersacher aus dem Weg räumt. Doch Pacos menschlicher Teil weigert sich, den Auftrag auszuführen. So wird er zum Ziel eines brutalen Killerkommandos, das ihn quer durchs ganze Land jagt. Im abgelegenen Hotel der hübschen Linda findet Paco Unterschlupf, doch die unaufhaltsame Liquidierungstruppe ist ihm bereits dicht auf den Fersen und bedroht nun nicht nur ihn...

Vergessen war gestern, wir sprechen darüber!

Das italienische Kino befand sich Mitte der 80er Jahre schon auf dem absteigenden Ast. Den meisten italienischen Studios und Produzenten fehlten schlichtweg das Geld und die Investoren, um weitere Filme am laufenden Band zu drehen. Gegen Ende der Ära entstand PACO - KAMPFMASCHINE DES TODES (1986). Mit einem schon bemerkenswert geringen Budget, versuchte man sich nochmal an einem Action-Streifen, der teilweise an amerikanische Vorbilder angelehnt ist. So kann man diesen Film durchaus als letzten Versuch betiteln.

Was damals in den Kinos misslang, hatte in den Videotheken - und nun auch knapp über 30 Jahre später wieder - großen Erfolg. PACO wird bei vielen Actionmovie-Fans als Geheimtipp und Klassiker bezeichnet und fleißig weiter empfohlen. Im Sommer 1985 drehte Regisseur Sergio Martino (Pseudonym: Martin Dolman) den Mix aus Action mit SciFi-Anleihen. Es war sein letztes Werk, das den (beschwerlichen) Weg in die Kinos fand. Seine nachfolgenden Filme waren allesamt Direct to Video-Produktionen. Zu seinen bekanntesten Titeln zählen SEIN HÄRTESTER GEGNER (1988), INSEL DER NEUEN MONSTER (1979) und MANNAJA - DAS BEIL DES TODES (1977).

Wer den Hollywood Hit TERMINATOR (1984) mit Arnold Schwarzenegger kennt, wird bei PACO recht schnell einige Szenen wiederfinden, die fast 1:1 kopiert worden sind. Allen voran eine, in der PACO sich seine cybernetische Hand selbst repariert. Dass sich das italienische Kino oft an Hollywood orientiert hat, ist nichts Neues. Zahlreiche Studios aus aller Welt schauten sich erfolgreiche Ideen von anderen Filmen ab und interpretierten ihre eigene Version davon in ihren Filmen.

In der Rolle des „TERMINATOR-Rip Offs" ist der stattliche Muskelberg Daniel Greene zu sehen. Greene begann seine Karricre als Schauspieler schon Mitte der 1960er, damals zumeist in TV-Serien mit oft nur einmaligem Auftritt. Erst in den 80ern wurden die Produzenten auf den amerikanischen Hünen aufmerksam und boten ihm größere Rollen in Filmen an. Zu seinen weiteren Streifen zählen SPECIAL AGENT HAMMER (1987), SEIN HÄRTESTER GEGNER (1988) sowie AMERIKAN RIKSCHA (1989). Auch nach den 80ern war Greene noch in Filmen präsent, meist jedoch nur noch in Komparsenrollen. Leider wurde er teilweise auch nicht namentlich im Abspann aufgeführt. Sein letzter Auftritt war in GREEN BOOK (2018) in der Rolle eines Policeman.

Als PACOs Film-Frau taucht ein sehr bekanntes Gesicht auf: Die schwedische Schauspielerin Janet Agren. Sie dürfte vor allem Kannibalen-Fans ein Begriff sein. LEBENDIG GEFRESSEN (1980), EIN ZOMBIE HING AM GLOCKENSEIL (1980) und PROVIDENZA - MAUSEFALLE FÜR ZWEI SCHRÄGE VÖGEL (1975) sind nur ein paar ihrer Filme. In PACO - KAMPFMASCHINE DES TODES mimt Agren die Betreiberin eines Lokals am Rande eines fast vergessenen Highways. Sie gewährt PACO Asyl, gibt ihm zu essen und bietet ihm eine schäbige Unterkunft. Als Gegenleistung übernimmt er Tätigkeiten, die für eine zarte Frau zu anstrengend sind. So sehen wir PACO auch beim Holz hacken. Wow...

Doch auch weitere bekannte Gesichter absolvierten in PACO teils einprägsame Auftritte. Allen voran sollte dabei George Eastman erwähnt werden. Als charismatischer Fiesling in die Filmgeschichte eingegangen, mimt er hier - wie nicht anders zu erwarten - wieder einen Halunken, der der Wirtin und PACO das Leben zur Hölle machen will. George Eastman war in den verschiedensten Genres zuhause. Meist spielte er, wie erwähnt, den Bösewicht, was seiner Ausstrahlung mehr als gerecht war. So wurde er von der Filmindustrie förmlich dazu gezwungen solche Rollen zu spielen. Zu seinen weiteren Filmen gehören DJANGO - DIE NACHT DER LANGEN MESSER (1970), ABSURD (1981) und RIFFS - DIE GEWALT SIND WIR (1982). Und das sind nur drei Beispiele seiner recht umfassenden Filmographie.

Auch John Saxon hat in PACO einen stim-
mungsvollen Auftritt, der Eindruck hinter-
lässt. Wie so viele andere begann auch er
seine lange und abwechslungsreiche Film-
karriere mit Rollen in diversen TV-Serien. In
den 70er und 80er Jahren war er ein sehr
beliebter Schauspieler und wurde für zahlreiche TV Serien engagiert.

Wer sich PACO zu Gemüte führt, der kommt
an den Armdrück-Szenen nicht vorbei.
Dieselbe Idee sah man, anhand einer gut
funktionierenden Kopie, zwei Jahre später
in Sylvester Stallones Film „Over the Top".

Gewalt, Action und ruhige Passagen mit
Dialogen wechseln sich stetig ab und lassen
beim Zuschauer keine Langeweile aufkom-
men. Die Story zielt geradeaus auf das
erwartete und temporeiche Finale.

Wer ein Faible für das italienische Kino hat,
der sollte PACO eines Blickes würdigen. Ein
gutes Beispiel dafür, dass die Italiener auch
in diesem Genre-Mix ordentlich mitspielen
können. Doch leider kam diese kleine Perle
ein paar Jahre zu spät. Das Ende des italienischen Kinos war nicht mehr aufzuhalten.

Wobei das Armwrestling dort als Aufhänger
des Films dient und hier nur nettes Beiwerk
ist um zu zeigen, was cybernetische Körper-
teile so alles austeilen können.

Regisseur Sergio Martino gelang es einen
stimmigen, unterhaltsamen Mix aus Action
und SciFi, gepaart mit einem leicht tras-
higen Touch, jedoch mit eindrucksvollem
Soundtrack, zu kreieren. Stimmung und
Atmosphäre bauen sich kontinuierlich auf.

Ein eiskalter THRILLER der direkt unt die Haut get

Roger Spottiswoode lieferte 1988 mit SHOOT TO KILL einen interessanten Genremix und eine spannende Geschichte mit handverlesener Charakterauswahl ab.

Sidney Poitier, bekannt aus z.B. IN DER HITZE DER NACHT, spielt einen Agenten des FBI, der einen Mörder und Kidnapper jagt. Dieser flüchtet sich - nach weiteren, brutalen Morden an seinem letzten Entführungsopfer und einem armen Bergsteiger, dessen Identität der psychotische Killer annimmt - in eben jene, rein aus einigen Männern bestehende, Wandergruppe des Charakters von Kirstie Alley, welche nun völlig unwissentlich, einen „Wolf im Schafspelz" in ihren Reihen mitführt. Mit einigem Vorsprung ausgestattet ist die süße Bergziege natürlich funkmäßig nicht erreichbar, wohl auch aufgrund eines nahenden Unwetters. Der Verfolger von den „Feds" heftet sich dem Ehemann der Bergführerin an die Fersen, welcher

von Tom Berenger (dem fiesen G.I. Barnes aus PLATOON) verkörpert wird.

O.a. Genremix offenbart sich bereits aus dieser kurzen, spoilerfreien Inhaltsübersicht, denn was in MÖRDERISCHER VORSPRUNG - so der deutsche Verleihtitel - als thrillermäßiges Geiseldrama beginnt, wandelt sich zielstrebig und rasant zu einem spannungsgeladenen Actionabenteuer in originaler, (alb-)traumhafter US-Naturkulisse.

Zudem gehen Poitier und Berenger vollends und manchmal sogar etwas übermotiviert, dabei trotzdem jeweils ambitioniert und positiv-grenzgängig, im Buddy-Movie auf, wo wieder einmal die großen Unterschiede der unfreiwilligen Partner für einen besonderen Reiz sorgen. Dabei wäre es leicht gewesen vorrangig die Rassenkarte zu spielen, doch so einfach macht es sich Spottiswoode nicht.

JOHNNY

Vergessen war gestern, wir sprechen darüber!

Er legt den Fokus hauptsächlich auf die Kontroverse „Stadtmensch" und „Landei", wobei köstliche und z.T. sogar spontan-witzige Szenen zu Stande kommen, die den Zuschauer perfekt an die Charaktere binden. So viel sei gefahrlos verraten: Der Spieß - vor allem der des jeweils vorteilhaft Tonangebenden - wendet sich im weiteren Filmverlauf noch einmal sinnvoll passend und originell. Poitier und Berenger liefern, einzeln und im Zusammenspiel, eine hervorragende Leistung ab.

Im Schatten derer, aber im Rahmen ihrer Möglichkeiten solide, agiert Kirstie Alley neben ihrer nicht zufällig zusammengewürfelten Männergilde, denn hier versteckt sich ein wirklich beachtenswertes Gimmick des Streifens: Die Charaktere der Bergwanderer wurden ausnahmslos von Schauspielern besetzt, deren Gesichter schon einmal oder gar mehrfach, in der jeweiligen, cineastischen Vergangenheit, Bösewichter verkörperten, was es dem Zuschauer zunächst zusätzlich erschwert, den versteckten Killer zu entlarven, dessen Visage nämlich im bisherigen Filmverlauf noch nicht offenbart wurde. (Dieses geheimnisvolle, maskierte Auftreten, nebst flüsternd-heiser-verstellten Stimme, lässt zu Anfang alte Mystery-Suspense-Genrestimmung auflodern).

Zusammenfassend lässt sich SHOOT TO KILL aus heutiger Sicht problemlos als Geheimtipp einordnen. Wer auf teils atemlose Spannung, mit wenigen bis keinen Durchhängern, und actiongeladenen Überlebenskampf in wilder Natur steht, sollte bei dieser kleinen, fast vergessenen, zudem noch nur mäßig budgetierten 80s-Perle bedenkenlos zugreifen.

THRILLER

Vergessen war gestern, wir sprechen darüber!

HORROR

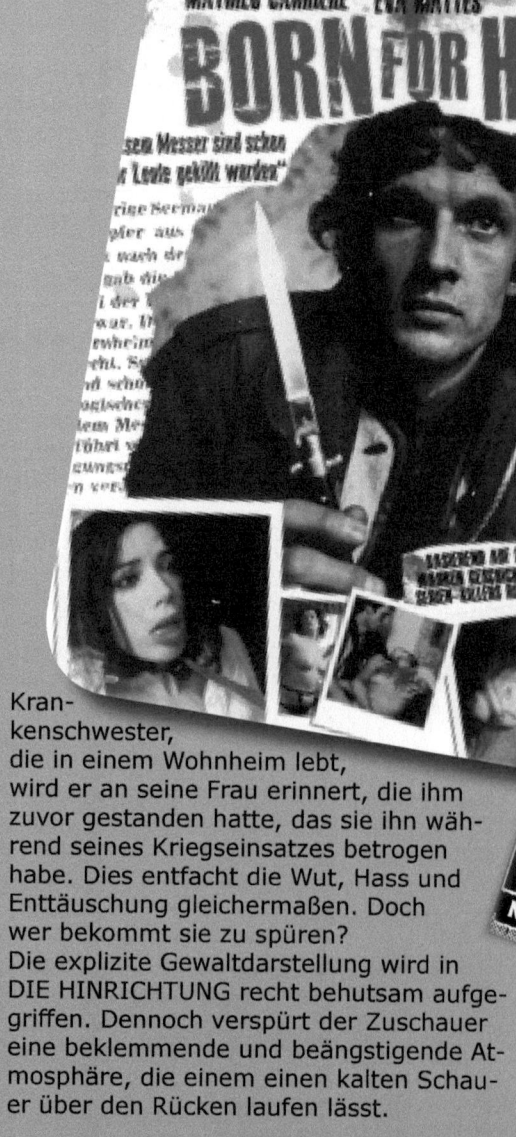

THE NAKED MASSACRE oder auch BORN FOR HELL wurde für Deutschland in DIE HINRICHTUNG umbenannt. Wieder mal ein Beispiel der Verfremdung mit dem Ziel, den Besucher der Videothek bzw. des Kinos dazu zu bewegen, sich den Film anzuschauen. Dabei finde ich, dass der Titel BORN FOR HELL recht passend ist. Im Verlauf des Films bekommt man dann auch gezeigt, wieso er zutreffender gewesen wäre.

Hauptdarsteller Mathieu Carriere spielt in DIE HINRICHTUNG einen Tierarzt namens Cain, der seinen Dienst im Vietnamkrieg geleistet hat. Er befindet sich auf dem Weg nach Hause in die USA, strandet jedoch in Irland zur Zeit der IRA-Ära und hat eigentlich nur den Wunsch, nach Hause zu Frau und Tochter zu kommen. Carriere mimt einen Charakter, den man nur schwer zuschreiben könnte, ein fieses, hinterlistiges und perfides Schwein im Inneren zu beherbergen. Am Anfang noch recht freundlich, besonnen und sehr hilfsbereit, zeigt er im weiteren Verlauf der Story sein wahres Gesicht. Seine aufgestaute Wut, die erlebten Bilder des Krieges und seine Enttäuschungen die ihn zuhause erwarten, entfachen seine zweite Persönlichkeit.

Durch eine Begegnung mit einer jungen Krankenschwester, die in einem Wohnheim lebt, wird er an seine Frau erinnert, die ihm zuvor gestanden hatte, das sie ihn während seines Kriegseinsatzes betrogen habe. Dies entfacht die Wut, Hass und Enttäuschung gleichermaßen. Doch wer bekommt sie zu spüren? Die explizite Gewaltdarstellung wird in DIE HINRICHTUNG recht behutsam aufgegriffen. Dennoch verspürt der Zuschauer eine beklemmende und beängstigende Atmosphäre, die einem einen kalten Schauer über den Rücken laufen lässt.

Vergessen war gestern, wir sprechen darüber!

DIE HINRICHTUNG ist ein gutes Beispiel für das „Euro-Sleaze"- Kino der 1970er Jahre. Viel nackte Haut junger Damen und oft stumpfsinnig wirkenden Dialogen, die mit Gewaltinszenierungen abgerundet werden. Auch wenn der Film nicht sonderlich brutal inszeniert wurde, bietet er recht harte Kost auf psychologischer Ebene. Der schnelle Umschwung der Stimmung, der Gefühle und der Gedanken des Killers Cain, sind allein schon Grund genug, eingeschüchtert auf die Mattscheibe zu starren. Nur mit einem Messer bewaffnet, sind die jungen Mädchen - die eindeutig in der Überzahl sind und den Killer überwältigen könnten - dem Täter hilflos ausgeliefert. Er zwingt sie zu perfiden Spielen, stranguliert sie mit seinem Gürtel, nötigt sie zu sexuellen Aktivitäten oder metzelt sie wahl- und grundlos - einfach nieder.

Hinzu kommen ein paar Szenen, die ziemlich lächerlich und auch etwas kitschig daherkommen. Allen voran eine ältere Prostituierte, die gezwungen wird, halbnackt vor Caine zu tanzen. Auch der Dialog mit einem vietnamesischen Jungen der ebenfalls im Hostel Zuflucht sucht, wirkt etwas deplatziert und wirr. Auch die Wortwechsel zwischen zwei Krankenschwestern sind etwas kitschig und plump: : "Du solltest die ganze Zeit Wassertropfen tragen. Sie passen zu Deiner Haut." Aha...

Doch für Fans von „Euro-Sleaze"- Streifen ist DIE HINRICHTUNG sicherlich eine Empfehlung wert. Es müssen nicht immer explizite Gewaltdarstellungen genutzt werden, um den Zuschauer in seinen Bann zu ziehen. Auch mit viel Psycho-Terror kann man seine Ziele erreichen und einen bleibenden Eindruck beim Zuschauer hinterlassen.

STEFAN

Vergessen war gestern, wir sprechen darüber!

Es gibt diese Verschwörungstheorien der makabren Art, die von bekannten, reißerischen Magazinen Londons, in die Welt gesetzt werden. Diese Machwerke zeterten einst leise zischend, dass Linda McCartney in einer Art Prophezeiung ihren eigenen Tod durch Krebs in dunkler Zukunft vorhergesehen habe und ihr dabei die Inspiration kam, den Song „Live And Let Die" zu schreiben. Als Adressat wählte sie primär ihren Mann. Die unterschwellige Botschaft habe lauten sollen:

Lass mich leben! (Unterdrücke mich nicht durch deine Liebe!)
Lass mich sterben! (Wenn deine Liebe zur Ewigkeit wird!)

Der Songwriter der Beatles komponierte jedenfalls die berühmte Musik, welche 1973 Roger Moore's Einstand als Geheimagent ihrer Majestät, für Regisseur Guy Hamilton, in Ian Fleming's „James Bond 007 - Live And Let Die" flankieren sollte. Neben George Martin's Score, einer der herausragendstenen und titelgebendstenen Songs der gesamten Reihe.

Neben den weltberühmten Zutaten jedes Bond-Abenteuers, wie dem trockenen Martini, der Walter PPK, den schönen Frauen und exotischen Originaldrehorten, sowie M, Moneypenny und Q mit seinen spektakulären, technischen Raffinessen, usw. und sofort, soll an dieser Stelle eher auf den neuen Darsteller eingegangen werden.

Roger Moore interpretiert den Spion mit der Lizenz zum Töten ganz anders, als sein Vorgänger Sean Connery. Nämlich unterkühlter, selbstironischer und mit noch ausgeprägterem Sinn für die trockenen Spitzen des typisch englischen Humors. Sex-Appeal hat Moore auch, verkauft sich aber ganz unterschiedlich zum harten Machismo Connery, als gepflegter Gentleman mit

eiskalter Raffinesse und blitzschneller Unberechenbarkeit. Zu den Frauen ist Moore gelassener und höflicher. Schellen, wie bei Sean, werden nicht mehr verteilt. Dafür wirkt seine kühle Art noch arroganter und herablassender. In Sachen sportlicher Fitness dürften sich beide in Nichts nachgestanden haben.
Vergleiche jeglicher Art mit George Lazenby sollen hier unerwähnt bleiben, da sich die Relevanz, aufgrund nur eines Auftritts, in Grenzen hält.
Man merkte wohl damals - wenn man Zeitzeugen aus Presse und Fan-Gesellschaft jener Bond-Ära glauben will, dass sich etwas verändert hatte, vielleicht eine neue Epoche angebrochen war.

JOHNNY

fluß) und der einfach universellen Gewissheit, eine 007-Zeitenwende zu erleben.

Erwähnenswert sei noch die doppelt-ikonische Darbietung der Handlanger des Bösen, zum einen in Form eines schwarzen Hünen mit Haken an Stelle der Hand, zum anderen mit einem waschechten, giftig-durchtriebenen Voodoo-Hexenmeister-Baronen, sowie die ebenso auffallend-stilechte Performance der wunderschönen Jane Seymour als Wahrsagerin Solitaire und der Umstand der Involvierung der wohl umstrittensten Romanvorlage Ian Fleming's, in dessen Zusammenhang angeblich vor allem die rassistischen Grundzüge im Umgang mit Schwarzen kritisiert wurde.

Roger Moore interpretiert den Spion mit der Lizenz zu töten ganz anders, wie sein Vorgänger Sean Connery, nämlich unterkühlter, selbstironischer, mit noch ausgeprägterem Sinn für die trockenen Spitzen des typisch englischen Humors. Sex-Appeal hat Moore, verkauft sich aber ganz unterschiedlich zum harten Machismo Connery, als gepflegter Gentleman mit jedoch eiskalter Raffinesse und blitzschneller Unberechenbarkeit ausgestattet. Zu den Frauen ist Moore gelassener und höflicher, Schellen, wie bei Sean, werden nicht mehr verteilt. Dafür wirkt seine kühle Art eher noch arroganter und herablassender. In Sachen sportlicher Fitness dürften sich beide in Nichts nachgestanden haben.

Vergleiche jeglicher Art mit George Lazenby sollen hier unerwähnt bleiben, da sich die Relevanz aufgrund nur eines Auftritts in Grenzen hält, es jedoch auch Selbige an dieser Stelle sprengen würde.

Man merkte wohl damals, soll man Zeitzeugen aus Presse und Fangesellschaft jener Bond-Ära glauben, dass sich etwas verändert hat, vielleicht eine neue Epoche angebrochen war.

Tatsächlich änderte sich, neben dem Hauptdarsteller, einiges mehr an den speziellen Zutaten des Bond'schen Kosmos: Das erste farbige Bondgirl, der erste, politische Bond-Villain (zwielichtig-geheimnisvoll bis uberbordend-bösartig: Yaphet Kotto), der erste, fiktive Drehort (sinngemäß nahe den verwunschen-schwülen US-Südstaaten mit VOODOO-Hexerei, Schlangen, Krokodilen und vielem mehr, nebst spektakulärer Speedboat-Verfolgungsjagd über Urwald-

LIVE AND LET DIE ist klassisches Bondkino, vielleicht eine der besten Adaptionen der klassischen Ur-Reihe bis einschließlich Timothy Dalton mit seinen zwei Beiträgen, und immer wieder eine Sichtung wert, da mitunter erfrischend unkonventionell und (bisherige) Grenzen sprengend.

007 Collection

LEBEN UND STERBEN LASSEN

ABENTEUER

Die 17-jährige Juliane Koepcke überlebt als einzige einen Flugzeugabsturz über dem südamerikanischen Urwald. Orientierungslos und ohne Ausrüstung kämpft sie sich allein durch den Dschungel. Die Geschichte beruht auf einer wahren Begebenheit.

Der wohlklingende, fast wahrhaftig schmackhaft machende Titel "Il Miracoli Accadono Ancora" ist, ganz simpel, ein Fest für die Sinne, wenn es einem gelingt, visuelle Fesseln der heutigen Standarts abzulegen, denn auch analog (SD), mit guten Kopfhörern gesegnet, nimmt einen der Dschungel sofort gefangen. Körniger 70s Look mit weichen Farben und einmalige, kombinative Atmosphäre von originaler Optik und realistischen Tier,-und Naturgeräuschen schaffen den audiovisuellen Zaubersprung von Trash zu Nischenkunst. Wie aus einem Guß gedreht, wirkt das Ganze, dabei gibt es schon immer mal wieder harte Cuts, die den Zuschauer abrupt und wiederholt in die "gefühlte Wirklichkeit" zurückreissen. Zu fiebrig, zu nah, zu persönlich wirkt die absolute Pracht der Wildnis, dessen verwunschenes (Alp)Traumland zur Hauptszenerie für das edel-trashige, italienische Survivaldrama "Ein Mädchen Kämpft Sich Durch Die Grüne Hölle" von Giuseppe

Maria Scotese aus dem Jahre 1974 dient - und zum Überlebenskampf für ein junges Mädchen wird.

Susan Penhaligon trägt diesen Film, im wahrsten Sinne des Wortes, auf ihren schmerzgeplagten Schultern. Man(n) leidet förmlich mit dem armen "Ding", ertappt sich mit niederen, voyeuristischen Gefühlen, bei Szene an Szene, trocken, nass, glitschige Felsen, räkeln, schmachtende Erschöpfung - und plötzlich der Cut.

Szenenwechsel zum hoffenden, bangenden Vater im Dschungelbaumhaus bei der Arbeit, im Gespräch mit Suchtrupps, etc. Schluss mit Altherrenphantasien! Oder doch nicht?

Schon ist man zurück bei der tapfer kämpfenden Seele allein im tiefsten Urwald, immerhin rudimentärem Survivalwissen durch die dschungel-affinen Eltern inne,

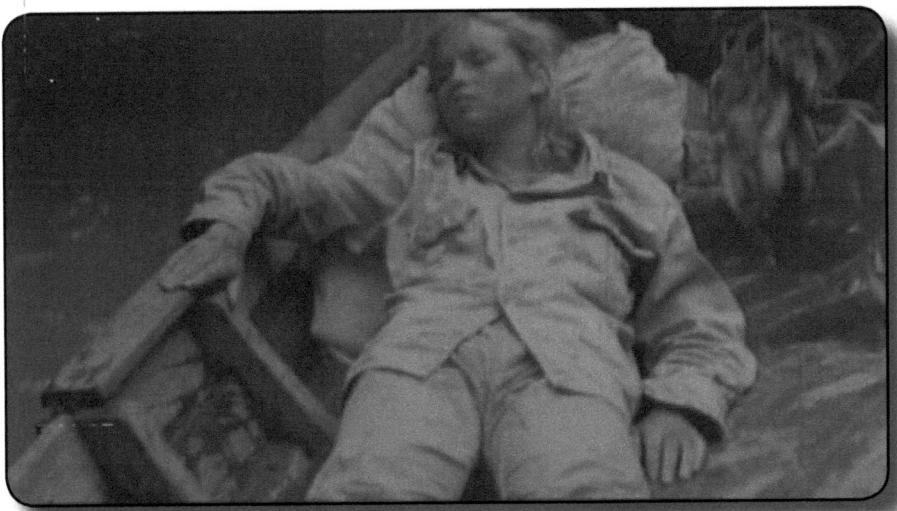

lediglich die Tochter, wie durch ein Wunder kaum verletzt, in der einsamen, gefährlichen und fremden Wildnis wiederfindet.

B-Movie-Granate und Geheimtipp!

sodass die Spannungskurve, zudem bei knackigen 85 Minuten Laufzeit, nie abreißt, bei proportional-steigender Emotionalität und bedingungslos-totaler Bindung zum Hauptcharakter, nebst natürlicher, weil selbstverständlich-passend-dezenter, zeitweisen Einblendung der "Umwelt", hauptsächlich des Vaters, dessen Umfeld aber schon wieder zu nah an dieser in Gefangenschaft nehmenden, cineastischen Athmosphäre in Bild und Ton steht, wo sich ein Mädchen allein durch den Dschungel kämpft.

Zum Inhalt, bewusst ganz zum Schluss, denn die meist negativ behaftete Kritikerphrase "Style-Over-Substance" bekommt, im Rahmen dieses besonderen Flicks, einen konterkarierenden Schuß vor den Bug!

"Miracles Still Happen" ist ein italienischer Abenteuerfilm, in dem ein deutscher Wissenschaftler im Dschungel von Peru, die Ankunft seiner Frau und Tochter erwartet. Doch es kommt zur Katastrophe eines Flugzeugabsturzes, im Zuge dessen sich

JOHNNY

Impressum:

Herausgeber:
Stefan Böse

Autoren:
Johnny Janzerino
Bernhard H. Heidkamp
Jan Gutgesell

Impressum:
© 2019
Herstellung und Verlag: BoD – Books on Demand, Norderstedt.
ISBN: 9783749482832

GAST-AUTOR: JAN
WWW.GLOTZGUTACHTER.DE

Bild-Quellen der Screenshots:

Dirty Harriet © VHS: Lightning
Im Reich der Amazonen © DVD: Endless Classics
Shotgun © VHS: Scala
The Mutilator © DVD: Dragon
Stadt in Angst © DVD: Endless Classics
The Mad Bomber © DVD: Endless Classics
Der Koloss von Konga © Blu-ray: Media Target
Flotte Biester auf der Schulbank © Video: All Video
Space Raiders © DVD: Endless Classics
Showdown in Little Tokyo © Video,DVD: Warner
Die Mafia kennt keine Gnade © DVD: Cargo Records
Waterworld © Blu-ray: Universal
Paco - Die Kampfmaschine des Todes © Blu-ray: LFG
Mörderischer Vorsprung © DVD: Touchstone
Born to Hell © DVD: Inked Pictures
Leben und sterben kassen © DVD: MGM
Miracles still happen © VHS: Greenwood

Informationsquellen:
www.retro-film.info
www.wikipedia.de
www.schnittberichte.com
www.ofdb.de
www.imdb.com
www.amazon.de
www.themoviedb.org

BESUCHT UNS DOCH AUF FACEBOOK UNTER:
WWW.FACEBOOK.COM/RETROFILMBLOG